Commentaire

Par Arnaud Sorosina

Protagoras

Le mythe de Protagoras

Platon

lePetitPhilosophe.fr

PLATON

- **Né vers 427 av. J.-C. à Athènes**
- **Décédé vers 347 av. J.-C. dans la même ville**
- **Quelques-uns de ses dialogues :**
  - *Apologie de Socrate*
  - *La République*
  - *Le Banquet*

Platon (427-347 av. J.-C.) est né dans une **famille de l'aristo-cratie athénienne**. Il a vingt ans lorsqu'il rencontre celui qui sera **son maitre, Socrate**, qui le convertit à la philosophie. En 387 av. J.-C., Platon fonde **l'Académie**, où il aura pour disciple Aristote.

On distingue communément **trois périodes dans la carrière philosophique de Platon**. La première recouvre **les dialogues de jeunesse**, datant de l'époque qui suit la mort de Socrate (399 av. J.-C.) et qui mettent en scène ce dernier : *Apologie de Socrate*, *Hippias majeur* ou encore *Hippias mineur*. On trouve ensuite **les dialogues de la maturité**, qui correspondent aux chefs-d'œuvre du penseur, dans lesquels la figure de Socrate reste dominante : *Phédon*, *Le Banquet*, *La République*, *Phèdre*, notamment. Le *Protagoras* se situe à la charnière de ces deux premières périodes. Enfin, Platon produit **les dialogues de vieillesse**, dans lesquels il remet en chantier certaines de ses idées centrales : *Parménide*, *Les Lois*, *Timée*, etc.

La philosophie platonicienne se caractérise par **la recherche de la vérité** : selon le philosophe, on ne peut accéder à la connaissance via le sensible, qui change sans cesse ; la vérité ne peut venir que d'un monde suprasensible, le monde des Idées.

PROTAGORAS

Le *Protagoras* aurait été composé entre 390 et 385 av. J.-C., mais la scène, elle, se déroule vers 432 av. J.-C. : **Socrate s'entretient avec le sophiste Protagoras** afin de déterminer si la vertu peut ou non s'enseigner.

Le jeune Hippocrate est venu réveiller Socrate en pleine nuit, excité à l'idée de rencontrer les sophistes et d'apprendre d'eux la vertu (*arétè*, en grec). Ceux-ci sont réunis dans la maison du riche Callias. Socrate veut **mettre à l'épreuve la prétention des sophistes à tout enseigner, y compris la vertu**, le bien le plus précieux. Socrate demande donc à Protagoras de démontrer que la vertu peut faire l'objet d'un enseignement. Son objection est la suivante : si les différents arts (ou techniques – le grec *tekhnè* ne fait pas la différence entre ces termes) font l'objet d'un enseignement, il n'en va pas de même de l'art politique, puisque dans la démocratie grecque tout citoyen y participe au même degré. Protagoras décide de répondre à Socrate par un mythe.

MISE EN CONTEXTE

PLATON ET LES SOPHISTES

Protagoras (vers 486-410 av. J.-C.) est considéré, avec Gorgias (vers 480-372 av. J.-C.), comme **le père des sophistes**. Ceux-ci désignent, dans la Grèce du Ve siècle av. J.-C., **des professeurs itinérants qui enseignent l'art de l'argumentation** aux jeunes hommes destinés à exercer une fonction dans la démocratie athénienne. Il s'agit donc d'un mouvement social et pédagogique. Les sophistes sont les premiers professeurs à demander une rémunération. Platon voit dans cette marchandisation de la connaissance un faux-monnayage et une hypocrisie politique. En effet, si les sophistes enseignent l'art de bien parler et d'imposer ses idées en public, seuls les riches aristocrates peuvent s'offrir leurs leçons onéreuses. Par ailleurs, Platon leur reproche de fonder leur argumentation sur des arguments fallacieux.

LE DIALOGUE AVEC PROTAGORAS

Protagoras ou la défense de la démocratie

Protagoras est le sophiste que Platon respecte le plus. Même s'il s'oppose à lui, il s'efforce de lui faire tenir dans ses œuvres des discours conformes à sa pensée, sans le ridiculiser. Aussi met-il dans la bouche de Protagoras **un mythe d'une réelle profondeur philosophique** : c'est ce passage que nous allons étudier. Protagoras juge ce détour par le mythe plus éloquent qu'un discours, car il souhaite **rendre compte de l'origine de l'humanité** en faisant référence à des temps qui ne sont plus. Le mythe va permettre d'expliquer pourquoi l'homme diffère de l'animal : Prométhée et Épiméthée, deux enfants de Japet (un des Titans qui s'est élevé contre Zeus, le dieu suprême, et qui a été vaincu par lui – dans la mythologie, les Titans sont des divinités primordiales géantes qui ont précédé les dieux de l'Olympe), se voient confier la tâche de distribuer les qualités des vivants, mais l'homme est le dernier servi alors que toutes les qualités ont déjà été distribuées. Aussi va-t-il devoir subvenir seul à ses besoins, ce qui explique pourquoi il a développé les techniques. Une technique bien particulière, l'art politique, permet de comprendre pourquoi l'homme vit dans une société qui applique des lois qui s'imposent à tous, ce qui permet à Protagoras de **justifier la démocratie**.

Platon ou la défense de l'ordre naturel

Platon ne partage nullement la conception de Protagoras, mais il lui donne la parole pour pouvoir assoir sa propre position par le biais de la figure de Socrate (470-399 av. J.-C.), en mettant au jour les faiblesses du point de vue du sophiste. Platon montrera par ailleurs, dans le huitième livre de *La République*, que **la démocratie est un régime qui dégénère nécessairement**, tant l'égalité est précaire. Par conséquent, il est selon lui **beaucoup plus juste et équilibré de construire une cité selon l'ordre naturel**, conformément aux qualités respectives des citoyens. Ainsi, dans un mythe qui répond au mythe de Protagoras, dans *Le Politique*, Platon expliquera pourquoi il faut maintenir une hiérarchie dans la société : seuls les individus supérieurs, les plus divins, à savoir les philosophes, peuvent selon lui accéder aux fonctions politiques.

BON À SAVOIR

Le considérant comme son maitre, Platon met en scène **Socrate** dans nombre de ses dialogues. Celui-ci n'a laissé aucun écrit : nous ne connaissons sa méthode, le dialogue socratique, que par le biais des écrits platoniciens. Quant à sa pensée, il est difficile, sinon impossible, de la distinguer de celle de Platon.

Socrate, tout comme sa mère, sagefemme, se disait « accoucheur d'esprits » : il avait pour habitude de se promener dans l'agora, la place publique d'Athènes, et d'interroger les passants sur des sujets liés à la nature humaine tels que « Qu'est-ce que la vertu ? ». Au fil de la discussion et grâce aux questions qu'il leur posait, le philosophe amenait ses interlocuteurs à prendre conscience de leur ignorance. Il s'agissait selon lui de l'étape nécessaire pour pouvoir accéder à la vérité.

TEXTE

LE MYTHE DE PROTAGORAS

À partir de « C'était au temps où les dieux existaient, mais où n'existaient pas les races mortelles. Or, quand est arrivé pour celles-ci le temps où la destinée les appelait aussi à l'existence, à ce moment les dieux les modèlent en dedans de la terre, en faisant un mélange de terre, de feu et de tout ce qui encore peut se combiner avec le feu et la terre. [...] » jusqu'à « [...] Il n'y aurait pas en effet de cités, si un petit nombre d'hommes, comme c'est par ailleurs le cas avec les disciplines spéciales, participait à ces sentiments. De plus, institue même, en mon nom, une loi aux termes de laquelle il faut mettre à mort, comme s'il constituait pour le corps social une maladie, celui qui n'est pas capable de participer au sentiment de l'honneur et à celui du droit. »

PLATON, « Protagoras », in *Œuvres complètes*, tome 1, traduction de Léon Robin, Paris, Gallimard, 1940, p. 88-91.

EXPLICATION ET ANALYSE DU TEXTE

UN CONTEXTE ANHISTORIQUE

Protagoras nous renvoie à un **passé mythique**, précédant l'existence des hommes, dans le but de rendre compte d'un phénomène pour lequel la raison ne trouve aucune explication. Il s'agit d'expliquer **l'origine du temps des mortels, et en particulier du temps humain**, soumis à l'histoire. Faute de pouvoir invoquer un agent spécifique qui aurait déterminé la genèse des êtres vivants, Protagoras invoque « le temps où la destinée les appelait à l'existence ».

À la différence des dieux, **les êtres vivants** ne sont pas immatériels, immuables et immortels. Ils sont **composés de feu et de terre**, autrement dit d'un mélange d'éléments divers, soumis au changement et, en définitive, à la putréfaction. Cependant, avant d'être « produits à la lumière », les êtres vivants, qui ne sont encore que des statuettes de glaise, **reçoivent différentes qualités**.

Cette tâche de leur attribuer des qualités n'est pas confiée aux dieux olympiens eux-mêmes, mais à **deux des fils du Titan Japet** :

- **Prométhée**, d'une intelligence fine et rusée, celui qui délibère et connait par anticipation (*pro —*), comme son nom l'indique,
- et son frère **Épiméthée**, celui qui ne réfléchit qu'après coup (*épi —*).

Impulsif et irréfléchi, **Épiméthée s'empresse de demander à son frère de lui confier la tâche** consistant à répartir les qualités entre les différents animaux, laissant à Prométhée le seul rôle d'inspecteur des travaux finis. N'est-ce pas là un renversement complet de la logique dans la répartition des tâches ? C'est en effet à Prométhée que devait revenir le soin de distribuer les qualités, lui dont le savoir porte sur l'avenir, là où celui de son frère porte sur le passé. L'origine des êtres vivants est donc placée sous le signe d'un **contre-sens génétique** : aussi est-il inéluctable qu'une **anomalie monstrueuse** se fasse jour.

Les choses commencent pourtant bien, puisque **Épiméthée prend d'abord soin d'« égaliser les chances » pour « éviter qu'aucune race ne s'éteigne »**. Pour « égaliser les chances » de survie de chaque espèce, il veille à ne pas concentrer toutes les aptitudes chez une espèce en particulier, à les répartir équitablement.

Les phénotypes animaux

Qui a la force n'aura pas la vitesse, et qui est faible sera plus vif et agile et saura mieux passer inaperçu et se protéger grâce à des habitats souterrains. Ainsi, **tous les animaux ont les défauts de leurs qualités et les qualités de leurs défauts**.

On reconnait ici le relativisme de Protagoras, selon lequel **il n'existe aucune qualité absolue** : d'un certain point de vue, toute qualité peut devenir un défaut et vice-versa. Dès lors, la répartition pondérée d'Épiméthée participe à la création d'un monde relativiste : dans le monde du vivant, l'absolu a cessé d'exister, car c'est un monde changeant, bariolé, où nos qualités et nos défauts dépendent des buts que l'on vise, qui eux-mêmes varient selon les situations. L'absolu n'existe que chez les dieux. Le monde vivant n'est que celui du plus et du moins, et tout degré supérieur d'une qualité implique un moindre degré de la qualité inverse (la force s'acquiert au détriment de l'agilité, la grandeur au détriment de la discrétion). En somme, **l'inégalité des caractères produit l'égalité de l'adaptation**.

Les organes-instruments

En ce qui concerne les **moyens par lesquels les animaux peuvent agir efficacement sur leur environnement et s'en protéger**, ils les portent sur eux. Il s'agit en effet des **organes de leurs corps**, conformément à l'ambigüité du terme grec **organon**, signifiant aussi bien l'organe que l'outil :

- les animaux portent des vêtements perpétuels qui les protègent : fourrure ou carapace, par exemple, des outils qui peuvent recouvrir de multiples fonctions, protégeant autant de la morsure du froid que de la brulure du chaud ;
- de même, les membres qui mettent en contact l'animal avec son environnement sont pourvus d'une zone non irriguée par le sang, donc insensible, qui les prémunit contre les aléas environnementaux autant qu'elle peut servir d'arme (griffes, crocs ou bois).

Par conséquent, **l'animal n'a pas de technique extérieure à lui**, il ne manipule pas d'outils, précisément parce **qu'il**

porte son monde technique avec lui.

L'alimentation

L'équilibre animal est d'une précarité extrême : il est menacé dans son intégrité physique à la fois par ses concurrents, par les intempéries et par sa dégradation naturelle. En effet, à la différence des dieux, les animaux ont une tendance naturelle à dépérir s'ils ne maintiennent pas leur intégrité physiologique par un apport énergétique. Ainsi, **la nutrition est une spécificité du vivant**, et il se trouve que celle-ci ne peut pas être satisfaite par n'importe quel moyen. Ici également, **des qualités spécifiques distinguent les herbivores et les carnivores et, plus subtilement encore, les frugivores, qui se nourrissent de fruits, et les rhizophages, à qui ne conviennent que les racines**. Une sorte d'« harmonie préétablie entre la faune et la flore » semble donc gouverner le monde animal, comme l'explique Luc Brisson dans son analyse du mythe (« Le mythe de Protagoras. Essai d'analyse structurale », in *Quaderni Urbinati di Cultura Classica*, 20, 1975, p. 7-37).

La reproduction

Réalisant que les carnivores risquent, du fait de leur régime alimentaire, de décimer la population des herbivores, Épiméthée rééquilibre cette dissymétrie quand il décide de la répartition du dernier type de qualité : celui qui concerne la reproduction des espèces. Puisque **les vivants sont mortels**, à la différence des dieux qui ne meurent jamais, leur perpétuité doit être assurée au niveau de l'espèce. Dès lors, **le continuum de la vie est assuré par la reproduction** : les générations sur le déclin laissent la place aux nouveau-nés. La mort est la fin de la vie individuelle, mais elle est le moteur de la vie de l'espèce.

Afin d'éviter la domination des espèces prédatrices, **Épiméthée octroie aux espèces chassées une fécondité plus importante**. Ainsi, l'inégalité face aux moyens d'assurer la survie n'empêche pas l'égale adaptation de chaque espèce à la survie. Apparemment, tout est en ordre dans la biosphère créée par Épiméthée. Elle semble assurer l'ordonnancement du règne animal en un écosystème harmonieux analogue à la perfection du cosmos (du grec *kosmos*, qui signifie « l'ordre »).

L'ANIMAL SANS QUALITÉS : L'HOMME

L'homme sans qualités

Tout aurait été pour le mieux dans le meilleur des mondes possibles, si Épiméthée avait été exhaustif dans sa distribution. Mais, parvenu devant l'homme, son sac de provisions est vide : **toutes les qualités ont été distribuées « au profit des êtres privés de raison »**, c'est-à-dire aux animaux. La justice distributive d'Épiméthée n'était donc qu'apparente : elle n'était pas planifiée par une raison prudente (*proairèsis*), mais improvisée par un pragmatisme gouverné par l'impulsion (*thumos*). Autrement dit, Épiméthée a suivi son impulsion et non sa raison. Prométhée en fait le constat amer.

Dès lors, **l'homme est comme l'animal avant l'attribution des qualités : il est nu dans une nature hostile**. Il est comme un animal auquel on aurait retiré tous ses attributs adaptatifs (fourrure, sabots, griffes, etc.). Il est purement indéterminé et demeure un enfant. Il se trouve dans l'état larvaire et infantile d'un animal sans défense. Faute de bénéficier de l'aide de ses créateurs, **il est donc voué à disparaitre**. Or c'est la suprématie de l'homme qui pourtant s'impose aujourd'hui à nos yeux. Alors comment expliquer qu'il se soit adapté à son environnement, au point même de dépasser la condition animale ?

Le don du feu par Prométhée

Le récit de Protagoras laisse échapper un indice de taille : Épiméthée a privilégié « les animaux dénués de raison [*alogoi*] ». Or **ce qui distingue l'homme de l'animal, c'est l'aptitude au logos, c'est-à-dire au langage**. Protagoras n'en dit pas plus à ce stade de son récit, mais il reprendra ce point dans le dernier paragraphe.

En attendant, **Prométhée**, qui incarne l'intelligence rusée (la *mètis*, en grec), décide de **dérober aux dieux un élément, un seul, qui va changer du tout au tout la place de l'homme dans la nature** : d'être esseulé et désœuvré, l'homme va devenir un maitre technicien, artisan et artiste. En effet, Prométhée apporte aux hommes « le génie créateur des arts » (*entekhnos sophia*), par l'intermédiaire du **feu**, qu'il subtilise dans l'atelier d'Héphaïstos (dieu grec du feu) et d'Athéna (déesse grecque du combat et des arts).

Les limites de la technique

Si **le feu rend l'homme habile technicien**, il n'en fait pas encore un être social, loin s'en faut. Car c'est Zeus qui est dépositaire du savoir politique, et il est autrement plus difficile de pénétrer en sa demeure que de se faufiler dans l'atelier d'Héphaïstos, qui est à moitié sourd et aveugle... Le mythe signifie ici que **le feu est une condition nécessaire, mais non suffisante** à l'avènement des sociétés humaines. L'humanité n'est encore qu'une moitié d'humanité et elle aurait dépéri si le feu avait été son seul trésor.

Il y a donc une rupture entre l'état technique de l'humanité et son état politisé, rupture qu'il s'agit d'élucider. Remarquons pour le moment qu'**avec le feu, c'est « le reste des arts**, ce qui est le domaine d'Athéna », **qui sont donnés à l'homme, car ils découlent de sa maitrise**. Ils permettent à l'homme d'élaborer des outils pour assouvir ses besoins, notamment des armes, puisque c'est dans le feu que les armes les plus tranchantes et les plus résistantes vont être forgées. Grâce au feu, l'homme fait donc de sa nudité originaire une force, puisque, ne possédant aucun outil sur lui, à la différence de l'animal, il va **les manipuler grâce à ce méta-instrument qu'est la main** : outil qui sert à en fabriquer et à en manipuler d'autres.

Le **relativisme** de Protagoras se confirme : même l'absence de qualité peut devenir la plus grande des qualités, car **n'étant rien, l'homme peut devenir tout**. Autrement dit, n'ayant aucune qualité, l'homme peut les avoir toutes, en imitant celles qu'il observe chez l'animal. Mais là où l'animal n'a pas le choix des moyens, l'homme, demeurant nu, produit des outils distincts de lui tout en étant le prolongement de ses propres organes : l'instrument technique est un organe artificiel caractérisé par sa multifonctionnalité, par sa capacité à servir des finalités multiples (couper, frapper, tourner, modeler, etc.).

DE LA TECHNIQUE À L'ART POLITIQUE

Maitre du feu, maitre de la nature

Par le feu, l'homme participe à la divinité. C'est pourquoi **il rend grâce aux dieux de ce bienfait et est le seul animal à croire aux dieux** et à leur élever des édifices. Protagoras, pour sa part, est agnostique : il ne se prononce pas sur l'existence des dieux. Il ne s'agit ici pour lui que de rendre compte de l'origine de la religion, et le recours au mythe n'invoque les dieux que pour proposer une réflexion qui se veut plus persuasive que conforme à la réalité.

Toujours est-il que la paternité divine du feu permet d'expliquer un fait humain : l'homme est le seul à vouer un culte à des dieux, culte qui passe, dans l'Antiquité grecque par des sacrifices, pour lesquels est nécessaire **le feu sacrificiel**. On observe ainsi que **le feu est la condition *sine qua non* de l'apparition de tous les autres arts** : autour de lui on chante et bientôt on se met à parler, à « articuler artistement les sons de la voix et les parties du discours ». On trouve là une différence majeure entre l'animal et l'homme :

- **l'animal est purement passif et déterminé par la nature** à voir ses besoins assouvis sans qu'il ait à chercher par lui-même les moyens d'y pourvoir ;
- **par le langage, l'homme dédouble le monde et met la nature à distance, la manipulant par la parole pour mieux agir sur elle par la suite**. D'où les inventions qui

découlent du couple feu-langage : habitations, vêtements, aliments. L'homme ne trouve plus de logis tout
faits ou dont l'organisation est déjà programmée par
la nature, mais construit des habitations dont la taille,
les matériaux et la structure, entre autres, varient. Ses
vêtements ne font plus partie de lui, mais il s'habille en
utilisant les plantes ou les fourrures des animaux. Enfin,
il n'a plus de régime alimentaire déterminé, mais est om-
nivore : toute nourriture lui sied et il l'apprête de diverses
manières, en cuisant ses aliments, là encore, grâce au feu.

Les insuffisances du feu

Cependant, **le feu ne suffit pas à coaliser les hommes**.
Ils vivent « dispersés », en proie aux bêtes féroces, contre
lesquelles ils ne peuvent se défendre, car **l'art militaire ne
leur sera donné qu'avec la politique**. S'ils disposent d'ins-
truments pour chasser, ces armes sont encore insuffisantes
pour dominer les animaux, car les hommes sont seuls et ne
connaissent pas encore la stratégie, celle-ci supposant une
organisation collective des mouvements armés.

Pourquoi le **feu et la maitrise des arts** font-ils encore
obstacle à l'existence politique de l'homme ? Parce qu'ils
impliquent la spécialisation et la répartition des tâches,
d'où une division du travail. Par ailleurs, le langage manque
encore de profondeur et n'a pour le moment qu'une vo-
cation pragmatique. De même, les actes religieux ne sont
encore que sacrificiels et propitiatoires (visant à se rendre
les dieux favorables), donc encore utilitaires : seule la foi
religieuse peut relier les croyants entre eux et à leurs dieux.
Or **dans un monde divisé par la spécialisation et animé**

par des préoccupations purement instrumentales, la **réalisation d'une communauté politique échoue nécessairement**. En somme, **l'idée d'un bien commun n'existe pas** encore : chacun cherche à subvenir à ses propres besoins et les hommes ne parviennent pas à s'entendre sur la répartition du pouvoir, commettant alors des injustices. Ainsi se regroupent-ils pour fuir le péril animal mais se séparent-ils dès qu'ils se trouvent ensemble, pour fuir le péril humain.

L'origine de la société politique

Zeus, qui plus encore que Prométhée est doté de *mètis*, soit d'intelligence rusée, voit bien qu'il manque aux hommes pour tisser entre eux un lien d'amitié ce que les Grecs nomment *philia* : l'aspiration à se rapprocher des autres. Aussi leur octroie-t-il « **le sentiment de l'honneur** (*aidôs*) et **celui du droit** (*dikè*) » :

- l'*aidôs* désigne plus précisément une attitude de respect et de retenue ;
- et *dikè* la disposition à la justice dans le jugement et dans la conduite.

C'est seulement grâce à ces sentiments que des **rapports de réciprocité** peuvent naitre entre les hommes d'une part, et entre les hommes et les dieux d'autre part. De cette manière, une justice équitable (*dikè*) peut donner naissance à une loi (*nomos*) égale (*iso —*) pour tous : l'isonomie, fondement de la démocratie.

L'origine de la démocratie

C'est précisément parce que le monde prométhéen est

encore inégalitaire – chaque spécialité donnant naissance à des spécialistes – qu'Hermès s'enquiert auprès de Zeus du mode d'attribution d'*aidôs* et de *dikè*. Or il serait contraire à leur nature que tous les hommes ne les aient pas en partage. En effet, il n'y aurait point de cités « si un petit nombre d'hommes » s'arrogeait le monopole de la justice et du respect. Sans détour, Protagoras condamne donc, par la bouche de Zeus, toute forme d'oligarchie (régime politique dans lequel seul un petit groupe de personnes exerce le pouvoir).

L'art politique est un art auquel tous participent. Ce qui le prouve, c'est l'institution par Zeus d'une **loi condamnant à mort celui qui déroge aux lois**. Celui qui ne se conforme pas aux vertus politiques, non seulement renie son identité citoyenne, mais son humanité, puisque **c'est son état politique qui définit l'homme**. Par conséquent, le citoyen qui manque à ses vertus est comme une maladie ou une tumeur dont il faut débarrasser le corps social – métaphore qui signale ici combien le tout, la Cité, importe plus que les parties, si celles-ci dégénèrent.

CONCLUSION

Protagoras pense avoir répondu à l'objection de Platon : puisque certains individus dérogent aux lois, c'est bien que **la vertu politique, bien qu'elle soit une aptitude naturelle, doit être maintenue par un exercice régulier et affermie par un enseignement**. L'éducation doit former des citoyens, sans quoi ceux-ci, comme Alcibiade (vers 450-404 av. J.-C.), risquent de nourrir des projets de domination antidémocratiques ou de trahir leur Cité. Les citoyens doivent donc cultiver les vertus politiques à l'aide des sophistes, afin de ne pas oublier qu'ils doivent à la Cité leur salut.

Dans *Le Politique*, **Platon** prend le contrepied du mythe de Protagoras par un autre mythe, pour défendre l'idée que la fonction politique exige les plus grandes aptitudes dans la mesure où **le gouvernant doit imiter le pastorat divin de l'âge d'or**, durant lequel Cronos (le père de Zeus) régnait sur le monde. L'homme, éloigné du monde parfait par la chute dans la finitude, doit chercher du mieux qu'il peut à se rendre semblable à la divinité – « Dieu est la mesure de toute chose », dira Platon dans *Les Lois* (716 d). À l'inverse, chez Protagoras, « l'homme est la mesure de toutes choses ». Il n'a rien à envier à l'animal, pas plus qu'à une divinité sur l'existence de laquelle il est du reste impossible de se prononcer. Humanisme démocratique ou aristocratisme de l'homme-dieu, telle est l'alternative, en somme, devant laquelle nous laisse ce texte sublime.

Votre avis nous intéresse !
Laissez un commentaire sur le site de votre librairie en ligne
et partagez vos coups de cœur sur les réseaux sociaux !

POUR ALLER PLUS LOIN

- BRISSON (Luc), « Le mythe de Protagoras. Essai d'analyse structurale », in *Quaderni Urbinati di Cultura Classica*, 20, 1975, p. 7-37.
- BROCHARD (Victor), « Les mythes dans la philosophie de Platon », in *Études de philosophie ancienne et de philosophie moderne*, Paris, Alcan, 1912, p. 46-59.
- JOLY (Henri), *Le Renversement platonicien : logos, epistémè, polis*, Paris, Vrin, 2001, p. 282-290.
- LEROI-GOURHAN (André), *Le Geste et la Parole*, volume 2, Paris, Albin Michel, 1964.
- PLATON, « Protagoras », in *Œuvres complètes*, tome 1, traduction de Léon Robin, Paris, Gallimard, 1940, p. 88-91.
- VERNANT (Jean-Pierre), « Le mythe prométhéen chez Hésiode », in *Mythe et Société en Grèce ancienne*, Paris, Maspero, 1974, p. 177-194.
- VERNANT (Jean-Pierre), « Structures du mythe », in *Mythe et Pensée chez les Grecs*, Paris, Maspero, 1974.

Rendez-vous sur lepetitphilosophe.fr et découvrez :

Plus de 1200 analyses
Claires et synthétiques
Téléchargeables en 30 secondes
À imprimer chez soi

www.lepetitphilosophe.fr

ISBN version numérique : 978-2-8062-4572-4
ISBN version papier : 978-2-8080-0123-6
Dépôt légal : D/2017/12603/507

Conception numérique : Primento,
le partenaire numérique des éditeurs.

Made in the USA
Monee, IL
07 July 2026